Eliana Atihé / Ana Cristina Ronconi

OLHOS PARA VER O QUE DEUS FAZ

Dados Internacionais de Catalogação na Publicação (CIP)
(Câmara Brasileira do Livro, SP, Brasil)

Atihé, Eliana
  Olhos para ver o que Deus faz / Eliana Atihé, Ana Cristina Ronconi ; ilustração Martinez. – 19. ed. – São Paulo : Paulinas, 2012. – (Coleção sabor amizade)

  ISBN 978-85-356-3050-3

  1. Literatura infantojuvenil I. Ronconi, Ana Cristina. II. Martinez, José Carlos, 1953-. III. Título. IV. Série.

12-01003   CDD-028.5

Índices para catálogo sistemático:
  1. Literatura infantil   028.5
  2. Literatura infantojuvenil 028.5

19ª edição – 2012
5ª reimpressão – 2021

Revisado conforme a nova ortografia.

Revisão de textos: *Mônica Guimarães Reis*
Capa e ilustrações: *Martinez*

Nenhuma parte desta obra poderá ser reproduzida ou transmitida por qualquer forma e/ou quaisquer meios (eletrônico ou mecânico, incluindo fotocópia e gravação) ou arquivada em qualquer sistema ou banco de dados sem permissão escrita da Editora. Direitos reservados.

Paulinas
Rua Dona Inácia Uchoa, 62
04110-020 – São Paulo – SP (Brasil)
Tel.: (11) 2125-3500
http://www.paulinas.com.br – editora@paulinas.com.br
Telemarketing e SAC: 0800-7010081
© Pia Sociedade Filhas de São Paulo – São Paulo, 1992

O mundo está cheio de coisas
boas, bonitas, bacanas.
Coisas que chamam a atenção
dos nossos olhos.
Coisas grandes e pequenas.
Coisas paradas e coisas que se mexem.
Sol e nuvens,
casas e carros, gente,
bichos, bonecas e trens...
Coisas que os nossos olhos podem ver.

Agora escute aqui
um segredo:
você sabe que o mundo
também está cheio
de coisas que os olhos
que moram na nossa cara
não podem ver?

O que será? Serão fantasmas?
Serão fadinhas? ETs?
A verdade é que
nem tudo o que existe no mundo
pode ser visto.
Tem muita coisa que existe
e nós não vemos.
Não vemos, mas existe!

Você já ficou com gripe?
Catapora? Sarampo? Caxumba?
Pois existem uns bichinhos danados
e pequeninos chamados germes,
bactérias e vírus
que os nossos olhos não vêem.
Eles entram de fininho no nosso corpo
e fazem a maior bagunça.
Não vemos os bichinhos,
mas sentimos o estrago
que eles fazem dentro da gente.
Aaatchim!

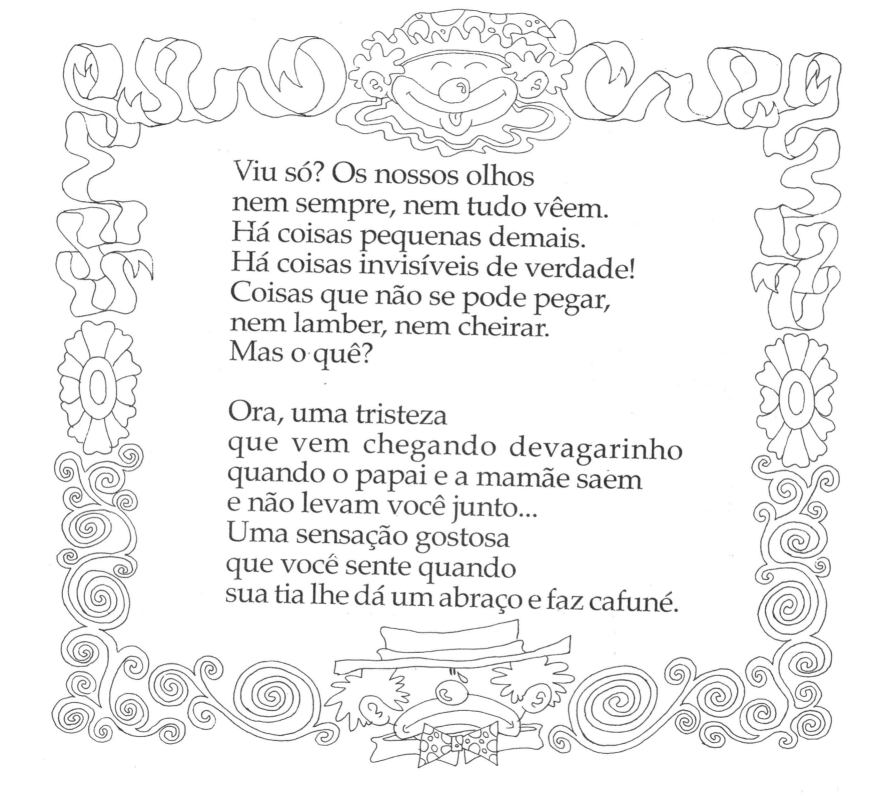

Viu só? Os nossos olhos
nem sempre, nem tudo vêem.
Há coisas pequenas demais.
Há coisas invisíveis de verdade!
Coisas que não se pode pegar,
nem lamber, nem cheirar.
Mas o quê?

Ora, uma tristeza
que vem chegando devagarinho
quando o papai e a mamãe saem
e não levam você junto...
Uma sensação gostosa
que você sente quando
sua tia lhe dá um abraço e faz cafuné.

Nem os meus, nem os seus olhos vêem:
a saudade que sentimos
de alguém que está longe,
a raiva de ter caído da bicicleta
na frente dos amigos,
a alegria de ter acertado
aquela pergunta difícil
que a professora fez na classe...

A gente disfarça, ninguém percebe...
Mas logo, lá dentro do coração,
alguma coisa mexe conosco.
Vem um aperto no peito,
dá um nó na garganta,
os olhos se enchem de água...

Com os olhos,
podemos enxergar
tudo que Deus fez
de bom e bonito:
o sol, as estrelas, as árvores,
as flores, os passarinhos,
um mico-leão dourado,
uma cara cheia de risada...

Com os olhos do sentir,
podemos enxergar muito mais...
A *bondade* de quem explica a lição
para o amigo que ficou doente
e faltou à escola a semana inteira...
O *capricho* de quem ajuda o vovô
a limpar a gaiola do passarinho...
O *entusiasmo* de quem divide
um brinquedo ou um chocolate...
A *gentileza* de quem ajuda a catar
coisas que caíram de uma sacola
e se espalharam pela calçada...

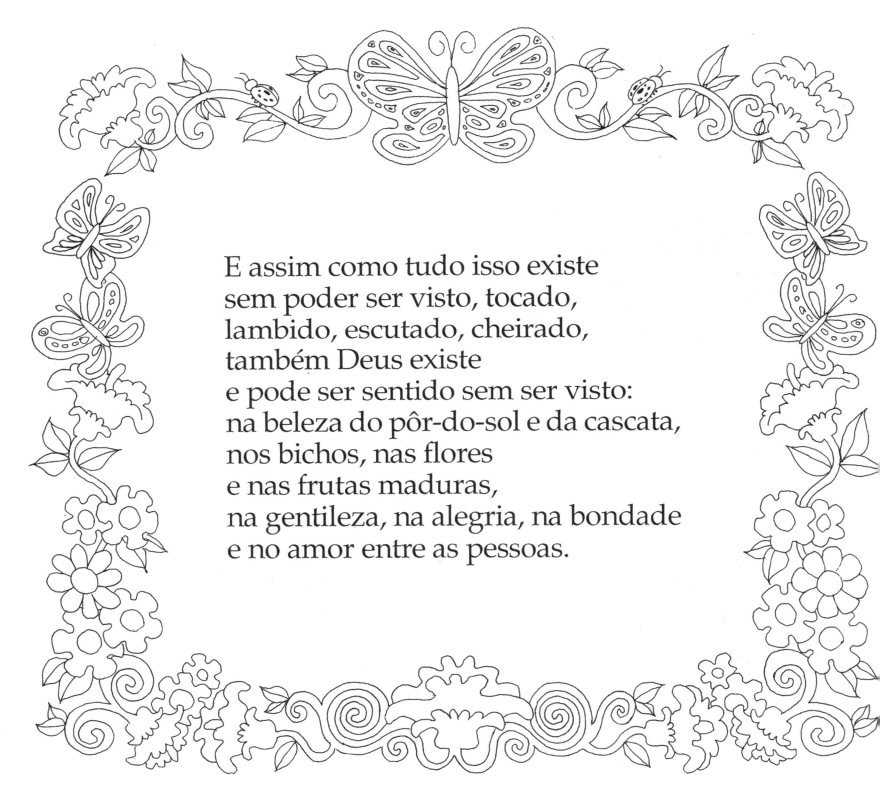

E assim como tudo isso existe
sem poder ser visto, tocado,
lambido, escutado, cheirado,
também Deus existe
e pode ser sentido sem ser visto:
na beleza do pôr-do-sol e da cascata,
nos bichos, nas flores
e nas frutas maduras,
na gentileza, na alegria, na bondade
e no amor entre as pessoas.

A vida nem sempre é fácil.
Nem sempre é boa ou feliz.
Mas alguma coisa nos diz
que Deus existe
e é nosso invisível amigo,
fazedor do bom
e do bonito do mundo.
Do que enxergam
os nossos olhos de ver,
do que percebem
os nossos olhos do sentir.

Rua Dona Inácia Uchoa, 62
04110-020 – São Paulo – SP (Brasil)
Tel.: (11) 2125-3500
http://www.paulinas.com.br – editora@paulinas.com.br
Telemarketing e SAC: 0800-7010081